하루 두 장 맞춤법 완전 정복 홈스쿨링

"마법의 맞춤법 띄어쓰기"

2-2 헷갈리기 쉬운 낱말 완전 정복(ㅇ~ㅎ)

생각디딤돌 창작교실 엮음
동리문학원 감수
문학나무 편집위원회 감수

생각디딤돌

차례

헷갈리기 쉬운 낱말 2

낱말을 분명히 맞게 쓴 것
같은데 왜 틀렸지?
《헷갈리기 쉬운 낱말 완전 정복》으로
국어 왕이 되겠어!

하루 2장의 기적!
헷갈리기 쉬운 낱말을 정복하고
국어 왕 되기!

헷갈리기 쉬운 낱말 완전 정복하기!

언어를 빠르고 편하게 배우고 익힐 수 있는 방법은 아빠, 또는 엄마한테 배우는 것입니다. 아기는 아빠나 엄마 등 가족의 말을 반복해서 듣고 자라면서 자연스럽게 언어를 배우고 익힙니다. 그런 것처럼 초등 한글 맞춤법도 틀리기 쉬운 낱말을 반복해서 배우고 익히다 보면 자연스럽게 내 것이 됩니다.

동화책이나 다른 여러 책을 읽을 때는 재미 위주로 읽기 때문에 낱말을 정확히 기억하기 어렵습니다. 하지만 《헷갈리기 쉬운 낱말 완전 정복》은 틀린 줄도 모른 채 넘어갈 수 있는 단어들을 정확하게 머릿속에 입력할 수 있도록 꾸몄습니다. 아기가 엄마가 하는 말을 반복해 들으면서 완전하게 따라 하듯이 말이죠.

모든 교과 학습의 시작인 글자 바로 쓰기!

누군가 읽기도 어렵고 함부로 휘갈겨 쓴 손글씨를 보여 준다면 썩 기분 좋은 일은 못 될 것입니다. 반대로 바른 글씨체로 또박또박 쓴 손글씨를 읽는다면 그 글씨를 쓴 사람에 대해서도 높은 점수를 줄 것입니다.

스마트폰이 보급되고 멀티미디어 교육 환경이 갖추어지면서 글씨를 쓰는 일이 많이 줄어들고, 컴퓨터 키보드나 스마트폰 터치를 통한 타이핑이 더 익숙해졌습니다. 하지만 바른 글씨는 실제로 학습에도 영향을 미친다는 것을 잊지 말아야 합니다. 《헷갈리기 쉬운 낱말 완전 정복》에는 안내 선이 표시되어 있어 안내 선을 따라 글씨를 쓰다 보면 바른 글쓰기 훈련을 할 수 있습니다.

미래의 경쟁력인 글쓰기!

미국 하버드 대학이 신입생 대상 글쓰기 프로그램을 의무화한 것은 1872년입니다. 자그마치 거의 150년 전입니다. 자기 분야에서 진정한 프로가 되려면 글쓰기 능력을 길러야 한다는 것이 목적이었습니다. 우리나라는 어떨까요? 서울대는 2017년 6월에야 '글쓰기 지원센터'를 설립했습니다.

어느 분야로 진출하든 글쓰기는 미래 경쟁력입니다. 《헷갈리기 쉬운 낱말 완전 정복》은 짧은 글이라도 매일 써 보는 훈련을 할 수 있도록 꾸몄습니다. 따라 쓰기를 하다 보면 내 글이 자연스럽게 나오기 때문입니다.

짧은 글이라도 매일 써 보는 훈련의 필요성!

어린이들이 글쓰기를 즐기게 하려면 제일 먼저 해야 할 일이 '원고지 만만하게 보기'입니다. 어떤 글이든 빨간 펜으로 잘못된 곳을 일일이 교정해 주기보다는 칭찬을 먼저 해 준다면 '원고지 만만하게 보기'는 아주 쉽게 해결될 것입니다. 《헷갈리기 쉬운 낱말 완전 정복》교재를 통해 우리 어린이들이 글쓰기를 두려워하기보다는 '쉽고 만만한' 재미있는 놀이로 여길 수 있기를 기대해 봅니다.

안(하다) / 않(다)

· '안'은 '아니'의 줄인 말입니다.
  숙제 안 하고 놀기만 할래?

· '않'은 '아니 하'의 줄인 말입니다.
  화가 나서 아빠한테 인사도 않고 방으로 들어갔어요.

 따라서 써 볼까요?

숙	제	는		안		하	고		게	임
숙	제	는		안		하	고		게	임

만		하	고		놀	았	어	요	.
만		하	고		놀	았	어	요	.

아래 칸에 바르게 써 볼까요?

왜 앉지 않고 서 있어?

문장에 맞게 띄어쓰기를 해 볼까요? ◉

세수를않고잠들었어요.

| | | | | | | | | | | | | | |

정답 : 세수를 않고 잠들었어요.

6

앉히다 / 안치다

- '앉히다'는 엉덩이를 바닥에 대는 것을 뜻합니다.
  동생이 계속 뛰어다녀서 의자에 앉혔어요.
- '안치다'는 밥, 떡, 찌개 등을 불 위에 올린다는 뜻입니다.
  엄마가 된장찌개를 냄비에 넣고 불에 안쳤어요.

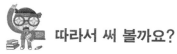 따라서 써 볼까요?

친	구	가		고	생	을		해	서	
친	구	가		고	생	을		해	서	

의	자	에		앉	혔	어	요	.		
의	자	에		앉	혔	어	요	.		

아래 칸에 바르게 써 볼까요?

밥을 안치려고 해요.

문장에 맞게 띄어쓰기를 해 볼까요?

할머니무릎에앉힌동생

알맞다 / 맞다

- '알맞다'는 넘치거나 모자라지 않다는 뜻입니다.
  오늘은 날씨가 시원해서 운동하기 알맞아요.

- '맞다'는 옳다라는 뜻입니다.
  너는 왜 항상 네 말만 맞다고 우기는데?

 따라서 써 볼까요?

나	들	이	하	기	에		딱		알	맞
나	들	이	하	기	에		딱		알	맞

은		날	씨	입	니	다	.
은		날	씨	입	니	다	.

아래 칸에 바르게 써 볼까요?

내 말이 맞아요.

문장에 맞게 띄어쓰기를 해 볼까요?

알맞게익은김치

정답 : 알맞게 익은 김치

알맹이 / 알갱이

- '알맹이'는 껍데기나 껍질을 벗긴 속 부분을 뜻합니다.
  호두 껍데기를 까면 알맹이가 나와요.
- '알갱이'는 열매나 곡식의 낱알을 뜻합니다.
  쌀 한 알갱이에도 농부의 땀이 스며 있어요.

 따라서 써 볼까요?

껍	질	은		버	리	고		알	맹	이
껍	질	은		버	리	고		알	맹	이

만		홀	랑		먹	어	요	.
만		홀	랑		먹	어	요	.

 아래 칸에 바르게 써 볼까요?

보리 알갱이가 씹혔어요.

문장에 맞게 띄어쓰기를 해 볼까요? ◎

알맹이가빠진말은그만!

알은체 / 아는 체

- '알은체'는 사람을 보고 인사를 하거나 어떤 일에 관심을 보이는 것을 뜻합니다.
  식당에 갔더니 아줌마가 알은체를 했어요.

- '아는 체'는 아는 것처럼 행동하는 것을 뜻합니다.
  너는 알지도 못하면서 왜 아는 체를 해?

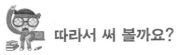 **따라서 써 볼까요?**

강	아	지	가		알	은	체	를		하
강	아	지	가		알	은	체	를		하

며		반	가	워	했	어	요	.	
며		반	가	워	했	어	요	.	

아래 칸에 바르게 써 볼까요?

아는 체는 그만해!

_____

_____

문장에 맞게 띄어쓰기를 해 볼까요? ◉

그일을아는체했어요.

정답 : 그 일을 아는 체했어요.

앓다 / 알다

- '앓다'는 병에 걸려 괴로운 상태를 뜻합니다. 엄마가 며칠 동안 끙끙 앓았어요.
- '알다'는 어떤 사실을 깨닫거나 느낀다는 뜻입니다.
  그 애가 나를 좋아한다는 사실을 이제 알았어요.

속담 : 앓던 이 빠진 것 같다. → 걱정거리가 없어져서 후련하다는 뜻.

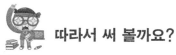 **따라서 써 볼까요?**

오	랫	동	안		감	기	를		앓	고	∨
오	랫	동	안		감	기	를		앓	고	

났	더	니		기	운	이		없	어	요.	∨
났	더	니		기	운	이		없	어	요.	

아래 칸에 바르게 써 볼까요?

형은 돈만 아는 구두쇠예요.

문장에 맞게 띄어쓰기를 해 볼까요?

가을마다몸살을앓는남산

정답 : 가을마다 몸살을 앓는 남산

11

얇다 / 얕다

- '얇다'는 두께가 두껍지 않다는 뜻입니다.
  글씨를 힘주어 썼더니 종이가 너무 얇아서 찢어졌어요.

- '얕다'는 바닥까지의 거리가 가깝다는 뜻입니다.
  수영장의 물이 얕아서 안전하게 놀았어요.

 따라서 써 볼까요?

빙	판	이		얇	아	져	서		썰	매
빙	판	이		얇	아	져	서		썰	매

를		탈		수	가		없	어	요	.
를		탈		수	가		없	어	요	.

아래 칸에 바르게 써 볼까요?

물이 얕아서 안전했어요.

_____

_____

문장에 맞게 띄어쓰기를 해 볼까요?

껍질이얇은맛있는사과

어떡해 / 어떻게

- '어떡해'는 '어떻게 해'가 줄어든 말입니다.
  12시까지 온다고 했으면서 아직도 안 오면 어떡해?
- '어떻게'는 어떤 이유의 뜻으로 '어떻게 했어?' 등으로 쓰입니다.
  어제 선물로 받은 장난감은 어떻게 했어?

 따라서 써 볼까요?

밥		먹	는데		먼	지를		털
밥		먹	는	데		먼	지를	털

면		어	떡	해	?			
면		어	떡	해	?			

아래 칸에 바르게 써 볼까요?

옛날 사람들은 어떻게 살았지?

문장에 맞게 띄어쓰기를 해 볼까요?

오늘도안오면어떡해?

어리다 / 어리석다

- '**어리다**'는 나이가 적다는 뜻입니다.
  나는 누나보다 두 살이 어려요. 누나는 열 살이고, 나는 여덟 살이에요.

- '**어리석다**'는 똑똑하지 못하다는 뜻입니다.
  어리석은 개 이야기가 나오는 동화를 읽었어요.

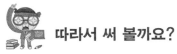 **따라서 써 볼까요?**

동	생	은		나	보	다		두		살 ∨
동	생	은		나	보	다		두		살

어	려	요	.
어	려	요	.

아래 칸에 바르게 써 볼까요?

놀부는 몹시 어리석어요.

_____

_____

문장에 맞게 띄어쓰기를 해 볼까요?

나는어리지않아!

정답 : 나는 어리지 않아!

엉기다 / 엉키다

· '엉기다'는 한데 섞인다는 뜻입니다.
  벽지를 붙이려는데 풀이 엉겨서 다 찢어지고 말았어요.

· '엉키다'는 무슨 일이 풀기 힘들 정도로 엉클어진다는 뜻입니다.
  실수를 해서 일이 엉키고 말았어요.

 따라서 써 볼까요?

강	아	지	들	이		엉	겨	서		장
강	아	지	들	이		엉	겨	서		장

난	을		치	고		있	어	요	.	
난	을		치	고		있	어	요	.	

 아래 칸에 바르게 써 볼까요?

연줄이 엉켜서 끊어졌어요.

문장에 맞게 띄어쓰기를 해 볼까요?

머리카락이엉켰어요.

업다 / 엎다

- '업다'는 등에 붙어 있게 동여맨다는 뜻입니다.
  아침에 일어나서 엄마 대신 아기를 업어 주었어요.

- '엎다'는 물건 등을 거꾸로 한다는 뜻입니다.
  친구가 주스를 먹다가 엎어서 걸레로 닦았어요.

 따라서 써 볼까요?

대	접	을		엎	어	서		물	이	
대	접	을		엎	어	서		물	이	

쏟	아	졌	어	요	.					
쏟	아	졌	어	요	.					

아래 칸에 바르게 써 볼까요?

친구를 업었어요.

문장에 맞게 띄어쓰기를 해 볼까요?

물을엎었어요

여위다 / 여의다

- '여위다'는 몸에 살이 빠졌다는 뜻입니다.
  오래 앓아서인지 몸이 여위고 힘이 없어 보여요.

- '여의다'는 부모나 사랑하는 사람이 죽어서 이별했다는 뜻입니다.
  우리 아빠는 어려서 부모님을 여의었다고 해요.

 따라서 써 볼까요?

홀	쭉	하	게		여	위	고		두	
홀	쭉	하	게		여	위	고		두	

눈	만		반	짝	였	어	요	.	
눈	만		반	짝	였	어	요	.	

아래 칸에 바르게 써 볼까요?

부모님을 여의었어요.

문장에 맞게 띄어쓰기를 해 볼까요?

감기를앓더니여위었다.

| | | | | | | | | | | | | | | |

정답 : 감기를 앓더니 여위었다.

열다 / 얼다

- '**열다**'는 닫히거나 잠긴 것을 트거나 벗긴다는 뜻입니다.
  창문을 열었더니 시원한 바람이 들어왔어요. 다른 뜻 '열다' ▶회의를 열다.

- '**얼다**'는 물이 얼음으로 변하는 것을 뜻합니다.
  논바닥이 꽁꽁 얼어서 썰매 타기 딱 좋았어요.

 따라서 써 볼까요?

더	워	서		창	문	을		활	짝	
더	워	서		창	문	을		활	짝	

열	었	어	요	.						
열	었	어	요	.						

아래 칸에 바르게 써 볼까요?

날씨가 추워서 강물이 얼었어요.

문장에 맞게 띄어쓰기를 해 볼까요?

서랍을열다손을다쳤어요.

오르다 / 오리다

- '오르다'는 낮은 곳에서 높은 곳으로 가는 것을 뜻합니다.
  개한테 쫓긴 고양이가 나무 위로 오르고 있어요.
- '오리다'는 종이나 헝겊 등을 가위나 칼로 자른다는 뜻입니다.
  동생이 예쁜 그림을 오려서 벽에 붙였어요.

 따라서 써 볼까요?

아	빠	와		함	께		산	을		오
아	빠	와		함	께		산	을		오

르	면		기	분	이		좋	아	요	.
르	면		기	분	이		좋	아	요	.

 아래 칸에 바르게 써 볼까요?

사진을 오려서 지갑에 넣었어요.

문장에 맞게 띄어쓰기를 해 볼까요?

계단을오르면땀이나요.

정답 : 계단을 오르면 땀이 나요.

19

울리다 / 올리다

- '울리다'는 어떤 소리가 나거나 들리는 것을 뜻합니다.
  산에서 크게 외쳤더니 메아리가 울렸어요.   다른 뜻 '울리다' ▶동생을 울리다.

- '올리다'는 무언가를 낮은 곳에서 높은 곳으로 옮기는 것을 뜻합니다.
  축 늘어진 수세미를 담벼락 위로 올렸어요.

 따라서 써 볼까요?

열	두		시	가		되	자		종	소
열	두		시	가		되	자		종	소

리	가		울	렸	어	요	.			
리	가		울	렸	어	요	.			

아래 칸에 바르게 써 볼까요?

아기를 번쩍 안아 올렸어요.

문장에 맞게 띄어쓰기를 해 볼까요? 🎯

천둥울리는소리가나요.

~예요 / ~이에요

- '~예요'는 '~이에요'의 줄인 말입니다.

  제 이름은 박하나예요. 우리 동생 이름은 박두리예요

- '~이에요'는 보통 받침이 있는 말 뒤에 씁니다.

  우리 가족은 시골에 계시는 할머니까지 포함해서 다섯 명이에요.

 따라서 써 볼까요?

이	름	이		동	구	예	요	?		아
이	름	이		동	구	예	요	?		아

니	면		동	민	이	에	요	?
니	면		동	민	이	에	요	?

아래 칸에 바르게 써 볼까요?

형은 중학생이에요.

문장에 맞게 띄어쓰기를 해 볼까요?

수미는내친구예요.

옷거리 / 옷걸이

- · '옷거리'는 옷을 입은 모양새를 뜻합니다.
  누나는 옷거리가 좋아서 뭘 입어도 잘 어울려요.
- · '옷걸이'는 옷이나 모자 등을 걸어 두도록 만든 물건을 뜻합니다.
  옷을 너무 많이 걸어 놔서 옷걸이가 넘어졌어요.

 따라서 써 볼까요?

넌		옷	거	리	가		좋	아	서	
넌		옷	거	리	가		좋	아	서	

뭘		입	어	도		다		멋	져	.
뭘		입	어	도		다		멋	져	.

아래 칸에 바르게 써 볼까요?

옷걸이에 옷을 걸었어요.

문장에 맞게 띄어쓰기를 해 볼까요?

모자를옷걸이에걸어요.

22

왠 / 웬

· '왠'은 '왠지'의 뜻으로 '왜인지'의 줄인 말입니다. 왠지 친구가 못 올 것 같아요.

· '웬'은 '어찌 된'의 뜻입니다. 골목에서 웬 낯선 아저씨와 마주쳤어요.

속담 : 웬·불똥이 튀어 박혔나. → 왜 그토록 찡그린 얼굴을 하고 있느냐는 뜻.

 따라서 써 볼까요?

저	녁	에		혼	자		있	으	니	까 ∨
저	녁	에		혼	자		있	으	니	까

왠	지		무	서	웠	어	요	.		
왠	지		무	서	웠	어	요	.		

 아래 칸에 바르게 써 볼까요?

우리 집에 웬일이야?

문장에 맞게 띄어쓰기를 해 볼까요?

웬걱정이그렇게많아?

우러나다 / 우러르다

- '**우러나다**'는 생각, 감정 등이 마음속에서 저절로 생겨난다는 뜻입니다.
  진심으로 우러나오는 고마움을 표현했어요. 다른 뜻 '우러나다' ▶ 국물이 우러나다.
- '**우러르다**'는 마음속으로 공경하여 떠받든다는 뜻입니다.
  선수들은 금메달을 목에 걸고 태극기를 우러러 경례를 했어요.

따라서 써 볼까요?

그		영	화	를		보	면		저	절
그		영	화	를		보	면		저	절
로		슬	픔	이		우	러	나	요	.
로		슬	픔	이		우	러	나	요	.

아래 칸에 바르게 써 볼까요?

부모님을 우러르고 존경해요.

문장에 맞게 띄어쓰기를 해 볼까요?

마음에서우러난일이에요.

윗 / 웃

- '윗'은 '윗입술 / 아랫입술, 윗마을 / 아랫마을'처럼 반대되는 말이 있을 때 **씁니다.** 윗마을에는 무섭게 생긴 개가 여러 마리 살아요.

- '웃'은 '웃옷 / 웃어른' 등 반대되는 말이 없을 때 씁니다.
  친구들과 웃옷을 벗어 던지고 달리기 경주를 했어요.

 따라서 써 볼까요?

윗	입	술	이		아	프	더	니		아
윗	입	술	이		아	프	더	니		아

랫	입	술	도		아	파	요	.
랫	입	술	도		아	파	요	.

아래 칸에 바르게 써 볼까요?

웃어른께 인사를 했어요.

문장에 맞게 띄어쓰기를 해 볼까요?

추우니까웃옷을꺼입어.

이 / 이빨

- '이'는 물거나 씹는 역할을 하며 사람의 치아를 뜻합니다.
  뭔가를 먹고 이를 잘 닦지 않으면 충치가 생겨요.

- '이빨'은 '이'를 얕잡아 보는 말로 주로 동물에게 쓰입니다.
  고양이가 날카로운 이빨을 드러내며 덤비려고 했어요.

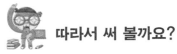 **따라서 써 볼까요?**

동	생	은		혼	자	서	도		이	를	V
동	생	은		혼	자	서	도		이	를	

잘		닦	아	요	.						
잘		닦	아	요	.						

아래 칸에 바르게 써 볼까요?

호랑이의 날카로운 이빨!

_____

_____

문장에 맞게 띄어쓰기를 해 볼까요? ◎

강아지가이빨로물었어요.

정답 : 강아지가 이빨로 물었어요.

26

이루다 / 이르다

- '이루다'는 무언가를 만들거나 되게 한다는 뜻입니다.
  용돈을 저축해서 자전거를 샀는데 드디어 내 꿈을 이루었어요.
- '이르다'는 어떤 장소나 시간에 닿는다는 뜻입니다.
  드디어 목적지에 이르렀어요.

 따라서 써 볼까요?

형	이		취	직	의		꿈	을		이
형	이		취	직	의		꿈	을		이

뤘	으	면		좋	겠	어	요	.		
뤘	으	면		좋	겠	어	요	.		

 아래 칸에 바르게 써 볼까요?

약속 장소에 이르렀어요.

 문장에 맞게 띄어쓰기를 해 볼까요?

꿈을이루려고노력중이야.

| | | | | | | | | | | | | | |

정답 : 꿈을 이루려고 노력 중이야.

일어서다 / 일으키다

- '일어서다'는 앉았다가 서는 것을 뜻합니다.
  돌이 지난 동생이 갑자기 일어섰어요.

- '일으키다'는 일어나게 하는 것입니다.
  달리다가 넘어진 친구를 일으켰어요.　　다른 뜻 '일으키다' ▶바람이 먼지를 일으키다.

 따라서 써 볼까요?

친	구	가		일	어	서	서		춤	을	∨
친	구	가		일	어	서	서		춤	을	

추	었	어	요	.
추	었	어	요	.

아래 칸에 바르게 써 볼까요?

넘어진 동생을 얼른 일으켰어요.

문장에 맞게 띄어쓰기를 해 볼까요? 🎯

벌떡일어나서노래를해요.

있다가 / 이따가

- **'있다가'**는 어느 장소에 머물고 있는 것을 뜻합니다.
  여기에서 조금만 더 있다가 너희 집으로 갈게.

- **'이따가'**는 조금 지난 뒤라는 뜻입니다.
  조금 이따가 갈게.

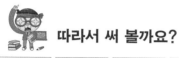 **따라서 써 볼까요?**

자	세	한		얘	기	는		이	따	가	∨
자	세	한		얘	기	는		이	따	가	

만	나	서		하	자	.					
만	나	서		하	자	.					

 아래 칸에 바르게 써 볼까요?

여기 있다가 갈 거야.

문장에 맞게 띄어쓰기를 해 볼까요?

집에있다가출발할게.

| | | | | | | | | | | | | | |

익다 / 잇다

- **'익다'는 열매가 자란다는 뜻입니다.**
  복숭아가 먹음직스럽게 익어 가고 있어요.   다른 뜻 : '익다' ▶ 김치가 익다.

- **'잇다'는 끊어지지 않게 붙인다는 뜻입니다.** 자동차들이 꼬리를 잇고 서 있어요.

속담 : 익은 감도 떨어지고 덜 익은 감도 떨어진다. → 누구나 자기 명대로 죽는다는 뜻.

 따라서 써 볼까요?

가	을	이		되	니		단	감	이	
가	을	이		되	니		단	감	이	

탐	스	럽	게		익	었	어	요	.	
탐	스	럽	게		익	었	어	요	.	

 아래 칸에 바르게 써 볼까요?

꼬리를 잇는 자동차들

문장에 맞게 띄어쓰기를 해 볼까요?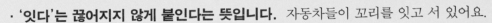

포도가익어가고있어요.

잊다 / 잃다

- '**잊다**'는 뭔가를 기억하지 못한다는 뜻입니다.
  부모님의 은혜를 잊어서는 안 돼요.
- '**잃다**'는 무언가를 다시 못 찾는다는 뜻입니다.
  선물로 받은 반지를 잃어버리고 말았어요.

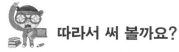 **따라서 써 볼까요?**

꼴	찌	를		하	니	까		용	기	를	∨
꼴	찌	를		하	니	까		용	기	를	

잃	고		말	았	어	요	.				
잃	고		말	았	어	요	.				

 아래 칸에 바르게 써 볼까요?

약속을 잊었어요.

문장에 맞게 띄어쓰기를 해 볼까요?

입맛을잃고아팠어요.

정답 : 입맛을 잃고 아팠어요.

31

낱말 퀴즈 박사 되기

1

아래 글을 읽고, 맞는 단어에 ○해 볼까요?

1. 심부름을 왜 (않 / 안) 하려고 하는데?

2. 축구하기에 딱 (알맞은 / 맞는) 날씨예요.

3. 동생이 (얇은 / 얕은) 옷을 입어서 춥대요.

4. 고양이 (이 / 이빨)이 날카로워요.

5. 동생을 안아서 무릎에 (앉혔어요 / 안쳤어요).

6. 동생을 (엎어 / 업어) 줬더니 허리가 아파요.

7. 동생이 물그릇을 (엎고 / 업고) 눈치를 봤어요.

8. 안방 (옷거리 / 옷걸이)에 옷이 잔뜩 걸려 있어요.

9. 학교에 (이따가 / 있다가) 학원으로 갔어요.

10. 어제 있었던 일은 (있다가 / 이따가) 들을게.

32

낱말을 찾아 어린이 시를 완성해 볼까요?

- 옷걸이
- 이
- 이따가
- 안

제목 : 억울해

숙제 다 해 놓고 노는데

숙제 (　　　　) 할 거야?

목욕하고 (　　　　)도 닦았는데

양치는 언제 할래?

벗은 옷 단정하게 (　　　　)에 걸었는데

벗은 옷 당장 안 걸어!

어이가 없어서 가만히 있으면

제발 (　　　　) 한다는 말은 그만!

끝말잇기에 맞는 낱말을 찾아볼까요?

- 옷걸이
- 알갱이
- 알맹이
- 옷거리
- 이빨

1. 햅쌀 ▸▸ 쌀알 ▸▸ (　　　　) ▸▸ 이슬

2. (　　　　) ▸▸ 리본 ▸▸ 본보기 ▸▸ 기러기

3. 속옷 ▸▸ (　　　　) ▸▸ 이유 ▸▸ 유리

4. (　　　　) ▸▸ 빨대 ▸▸ 대문 ▸▸ 문짝

5. 새알 ▸▸ (　　　　) ▸▸ 이발 ▸▸ 발가락

자라다 / 자르다

- '**자라다**'는 생물이 점점 커지거나 나이가 드는 것을 뜻합니다.
  작년에 심은 감나무가 많이 자랐어요. 내 동생도 1년 사이에 훌쩍 자랐고요.

- '**자르다**'는 무언가를 조각내는 것을 뜻합니다.
  미장원에 가서 머리를 잘랐더니 단정해졌어요.

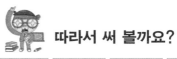 **따라서 써 볼까요?**

벌	판	에	서		오	곡	이		무	럭
벌	판	에	서		오	곡	이		무	럭

무	럭		자	라	고		있	어	요	.
무	럭		자	라	고		있	어	요	.

아래 칸에 바르게 써 볼까요?

가위로 형겊을 자르다.

_____

_____

문장에 맞게 띄어쓰기를 해 볼까요?

손톱이참잘자라요.

작다 / 적다

- '작다'는 정해진 크기에 모자라다는 뜻입니다.

  나는 다른 애들보다 키가 작아서 속상해요.

- '적다'는 양이 일정한 기준보다 부족하다는 뜻입니다.

  내 나이가 가장 적어서 막내 대접을 받아요.   다른 뜻 '적다' ▶글을 적다.

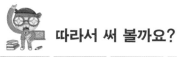 **따라서 써 볼까요?**

우	리	는		작	고		조	용	한	
우	리	는		작	고		조	용	한	

마	을	에	서		삽	니	다	.	
마	을	에	서		삽	니	다	.	

 아래 칸에 바르게 써 볼까요?

고기 양이 적어요.

문장에 맞게 띄어쓰기를 해 볼까요?

말소리가작아서안들려.

잠그다 / 잠기다

- '잠그다'는 문이 열리지 않게 하는 겁니다. 또 물이 나오지 않게 하거나 단추를 단춧구멍에 넣는 것을 뜻하기도 합니다. 안에서 문을 잠그고 잠이 들었어요.

- '잠기다'는 어떤 것이 물속에 들어간다는 뜻입니다.
  홍수로 마을이 물에 잠기고 말았어요.

 따라서 써 볼까요?

문	을		모	두		잠	그	고		잠
문	을		모	두		잠	그	고		잠

자	리	에		들	었	어	요	.
자	리	에		들	었	어	요	.

아래 칸에 바르게 써 볼까요?

물속에 잠긴 바위가 멋있어요.

_____

_____

문장에 맞게 띄어쓰기를 해 볼까요?

아빠가현관문을잠갔어요.

| | | | | | | | | | | | | | |
| | | | | | | | | | | | | | |

36

잡다 / 잡아당기다

- '잡다'는 무언가를 잡고 손에 힘을 준다는 뜻입니다.
  아기가 의자를 잡고 몸을 일으켰어요.   다른 뜻 '잡다' ▶달아나지 못하게 잡다.

- '잡아당기다'는 무엇을 자기 쪽으로 끌어당긴다는 뜻입니다.
  동생이 내 옷을 잡아당기며 업어달라고 했어요.

 따라서 써 볼까요?

철	봉	을		두		손	으	로		잡
철	봉	을		두		손	으	로		잡

고		매	달	리	기	를		해	요	.
고		매	달	리	기	를		해	요	.

아래 칸에 바르게 써 볼까요?

문고리를 잡아당겼어요.

문장에 맞게 띄어쓰기를 해 볼까요?

뛰어가서친구를잡았어요.

정답 : 뛰어가서 친구를 잡았어요.

~장이 / ~쟁이

- '~장이'는 어떤 일에 관련된 기술자를 뜻합니다.
  어제 간판장이 아저씨가 우리 가게에 간판을 달아 주었어요.

- '~쟁이'는 어떤 속성을 많이 가진 사람을 뜻합니다.
  우리 동생만큼 지독한 고집쟁이는 세상에 없을 거예요.

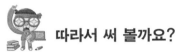 **따라서 써 볼까요?**

할	아	버	지	는		뛰	어	난		양
할	아	버	지	는		뛰	어	난		양

복	장	이	였	다	고		해	요	.	
복	장	이	였	다	고		해	요	.	

아래 칸에 바르게 써 볼까요?

동생은 떼쟁이예요.

문장에 맞게 띄어쓰기를 해 볼까요? ◎

멋쟁이로소문난우리삼촌

저리다 / 절이다

- '저리다'는 쑥쑥 쑤시듯이 아프다는 뜻입니다.
  친구들과 축구를 많이 했더니 팔다리가 저리고 아파요.
- '절이다'는 야채나 생선 등에 소금을 넣는다는 뜻입니다.
  생선 가게 아주머니가 갈치를 소금에 절여 주었어요.

 따라서 써 볼까요?

축	구	를		많	이		했	더	니	
축	구	를		많	이		했	더	니	

발	목	이		저	렸	어	요	.	
발	목	이		저	렸	어	요	.	

 아래 칸에 바르게 써 볼까요?

무를 소금에 절여요.

문장에 맞게 띄어쓰기를 해 볼까요? ◎

소금에절인고등어

39

전통 / 정통

- '전통'은 오랫동안 전해져 내려오는 생각이나 행동을 뜻합니다.
  악기 하나쯤은 다룰 줄 알아야 하는 것이 우리 학교 전통이에요.

- '정통'은 어떤 상황이나 일의 중심 부분을 뜻합니다.
  우리 가족은 생일이 되면 정통 중국 요릿집에 가고는 해요.

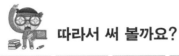 **따라서 써 볼까요?**

조	상	님	의		제	사		전	통	을	∨
조	상	님	의		제	사		전	통	을	

지	키	려	고		노	력	해	요	.		
지	키	려	고		노	력	해	요	.		

아래 칸에 바르게 써 볼까요?

이마를 정통으로 맞았어요.

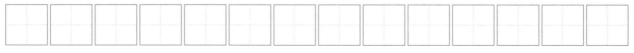

문장에 맞게 띄어쓰기를 해 볼까요? 🎯

중국의정통요리

40

젖 / 젓

· '젖'은 아기나 동물의 새끼가 먹는 영양분입니다.

　아기는 엄마 젖을 먹을 때마다 까르르 웃어요.

· '젓'은 생선이나 조개 등을 소금에 짜게 절이는 음식을 말합니다.

　우리 가족은 조개로 만든 젓을 가장 좋아해요.

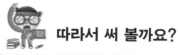 **따라서 써 볼까요?**

엄	마	가		아	기	에	게		젖	을	∨
엄	마	가		아	기	에	게		젖	을	

먹	이	고		있	어	요	.				
먹	이	고		있	어	요	.				

 아래 칸에 바르게 써 볼까요?

조개로 젓을 만들어요.

 문장에 맞게 띄어쓰기를 해 볼까요?

젖달라고보채는아기

정답 : 젖 달라고 보채는 아기

젖다 / 젓다

- '젖다'는 물이 어딘가에 묻는 것을 뜻합니다.
  물에 빠져서 옷이 다 젖고 말았어요.
- '젓다'는 뭔가를 이리저리 돌린다는 뜻입니다.
  동생이 주스를 더러운 손으로 저어서 못 먹게 해 놨어요.

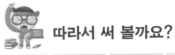 **따라서 써 볼까요?**

아	침		이	슬	에		꽃	잎	이	
아	침		이	슬	에		꽃	잎	이	

촉	촉	하	게		젖	었	어	요	.	
촉	촉	하	게		젖	었	어	요	.	

아래 칸에 바르게 써 볼까요?

노를 젓다 엎어졌어요.

문장에 맞게 띄어쓰기를 해 볼까요? 🔊

땀에젖은옷과양말

조리다 / 주리다

· '조리다'는 양념이 배어들게 끓인다는 뜻입니다.
  된장찌개는 약한 불에 조리면 더 맛있어요.

· '주리다'는 제대로 먹지 못하여 배를 곯는다는 뜻입니다.
  며칠 배를 주렸더니 어지러워요.

 따라서 써 볼까요?

생	선	을		간	장	으	로		조	리
생	선	을		간	장	으	로		조	리
고		간	을		봤	어	요	.		
고		간	을		봤	어	요	.		

 아래 칸에 바르게 써 볼까요?

배를 주리고 살았던 기억

문장에 맞게 띄어쓰기를 해 볼까요?

찌개는조리고김치는썰고

| | | | | | | | | | | | | | |

정답 : 찌개는 조리고 김치는 썰고

43

졸다 / 줄다

- '졸다'는 자신도 모르게 꾸벅꾸벅 조는 것을 뜻합니다.
  우리 엄마는 차만 타면 꾸벅꾸벅 졸아요.

- '줄다'는 원래 있던 것보다 작아지거나 적어지는 것을 뜻합니다.
  우리 할머니 키가 자꾸 줄어들어요.

 따라서 써 볼까요?

점	심	을		먹	고		의	자	에	
점	심	을		먹	고		의	자	에	

앉	아		졸	았	어	요	.			
앉	아		졸	았	어	요	.			

아래 칸에 바르게 써 볼까요?

몸무게가 줄었어요.

문장에 맞게 띄어쓰기를 해 볼까요?

따뜻하니까강아지가졸아요.

정답 : 따뜻하니까 강아지가 졸아요.

44

쫓다 / 좇다

- **'쫓다'는 어떤 것의 뒤를 빠르게 따르거나, 빠르게 몰아 보내는 것을 뜻합니다.**
  황소가 꼬리로 엉덩이를 때리며 파리를 쫓았어요.
- **'좇다'는 남의 말이나 생각을 따른다는 뜻입니다.**
  여행 가는 일은 부모님의 의견을 좇기로 했어요.

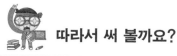 **따라서 써 볼까요?**

친	구	의		뒤	를		쫓	아		교
친	구	의		뒤	를		쫓	아		교

실	로		뛰	어	갔	어	요	.		
실	로		뛰	어	갔	어	요	.		

 아래 칸에 바르게 써 볼까요?

형의 의견을 좇기로 했다.

문장에 맞게 띄어쓰기를 해 볼까요?

쏟아지는잠을쫓았다.

정답 : 쏟아지는 잠을 쫓았다.

45

주다 / 줍다

- '주다'는 무언가를 남에게 건넨다는 뜻입니다.
  동생한테 아이스크림을 주었어요.

- '줍다'는 바닥에 있는 것을 집어 올리는 것을 뜻합니다.
  아이들과 함께 공원에서 쓰레기를 주웠어요.

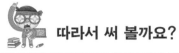 **따라서 써 볼까요?**

강	아	지	한	테		밥	과		물	을	∨
강	아	지	한	테		밥	과		물	을	

주	었	어	요	.
주	었	어	요	.

아래 칸에 바르게 써 볼까요?

길에서 천 원을 주웠어요.

문장에 맞게 띄어쓰기를 해 볼까요? ◉

친구한테선물을주었어요.

지그시 / 지긋이

- '지그시'는 슬며시 힘을 주는 모양이나 조용히 견디는 모양을 뜻합니다.
  형은 화가 나는지 지그시 입술을 깨물며 참았어요.

- '지긋이'는 참을성 있고 끈기 있다는 뜻입니다.
  개구쟁이들은 한자리에서 지긋이 앉아 있기가 힘든가 봐요.

 따라서 써 볼까요?

동	생	이		때	렸	지	만		아	픔
동	생	이		때	렸	지	만		아	픔

을		지	그	시		참	았	어	요	.
을		지	그	시		참	았	어	요	.

 아래 칸에 바르게 써 볼까요?

지긋이 앉아 있길 못해요.

문장에 맞게 띄어쓰기를 해 볼까요?

모래를지그시밟았어요.

정답 : 모래를 지그시 밟았어요.

47

지나가다 / 지내다

- '지나가다'는 어딘가를 지나서 계속 가는 것을 뜻합니다.
  빠르게 뛰어서 학교 앞을 지나갔어요.

- '지내다'는 시간을 보내는 것을 뜻합니다.
  엄마가 시장에 간 사이에 동생과 지냈어요.

 따라서 써 볼까요?

소	방	차		한		대	가		집	
소	방	차		한		대	가		집	

앞	을		지	나	갔	어	요	.		
앞	을		지	나	갔	어	요	.		

아래 칸에 바르게 써 볼까요?

고향에서 방학을 지냈어요.

문장에 맞게 띄어쓰기를 해 볼까요?

아이들이내옆을지나가요.

지키다 / 지치다

- '지키다'는 좋지 않은 일이 일어나지 않도록 잘 살핀다는 뜻입니다.
  우리는 그 사건의 비밀을 지키기로 굳게 약속했어요.
- '지치다'는 몸과 마음이 힘들다는 뜻입니다.
  아무것도 안 먹고 계속 뛰어다녔더니 몸이 금방 지쳤어요.

 따라서 써 볼까요?

항	상		교	통		법	규	를		잘 ∨
항	상		교	통		법	규	를		잘

지	켜	야		해	요	.				
지	켜	야		해	요	.				

 아래 칸에 바르게 써 볼까요?

몸이 지쳤어요.

문장에 맞게 띄어쓰기를 해 볼까요?

등교시간을꼭지켜야지.

정답 : 등교 시간을 꼭 지켜야지.

49

집다 / 짚다

- '집다'는 손이나 기구로 물건을 잡는다는 뜻입니다.
  돌상 앞에서 동생이 제일 먼저 집은 것은 연필이에요.

- '짚다'는 뭔가에 기댄다는 뜻입니다. 여럿 중에 하나를 꼭 집어 가리킨다는 뜻이
  기도 합니다. 그 일은 어찌나 쉽던지 땅 짚고 헤엄치기예요.

 따라서 써 볼까요?

젓	가	락	으	로		반	찬	을		집
젓	가	락	으	로		반	찬	을		집

어		입	에		넣	었	어	요	.
어		입	에		넣	었	어	요	.

아래 칸에 바르게 써 볼까요?

땅을 짚고 일어났어요.

문장에 맞게 띄어쓰기를 해 볼까요?

지팡이를짚었어요.

정답 : 지팡이를 짚었어요.

짓다 / 짖다

- · '짓다'는 무언가를 만든다는 뜻입니다.
  오늘은 엄마 대신 아빠가 밥을 짓고 반찬도 만들었어요.
- · '짖다'는 새나 동물이 시끄럽게 소리를 낸다는 뜻입니다.
  밤마다 개 짖는 소리 때문에 잠을 잘 수가 없어요.

 따라서 써 볼까요?

엄	마	가		아	침	을		짓	고	
엄	마	가		아	침	을		짓	고	

나	를		깨	웠	어	요	.			
나	를		깨	웠	어	요	.			

 아래 칸에 바르게 써 볼까요?

개가 껑껑 짖어요.

문장에 맞게 띄어쓰기를 해 볼까요?

아빠가지은아기이름

정답 : 아빠가 지은 아기 이름

째 / 채

- '째'는 차례의 뜻을 지니고 있습니다.

  동네를 두 바퀴째 돌았어요.　다른 뜻 '째' ▶며칠째 더워요.

- '채'는 이미 있는 상태 그대로 있다는 뜻을 나타냅니다.

  노루를 산 채로 잡았다고 해요.　다른 뜻 '채' ▶말이 채 끝나지 않았다.

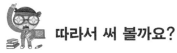 **따라서 써 볼까요?**

제	자	리	를		열		바	퀴	째	
제	자	리	를		열		바	퀴	째	

돌	았	더	니		어	지	러	워	요	.
돌	았	더	니		어	지	러	워	요	.

아래 칸에 바르게 써 볼까요?

옷을 입은 채로 물에 들어가요.

문장에 맞게 띄어쓰기를 해 볼까요?

노래를아홉번째불러요.

정답 : 노래를 아홉 번째 불러요.

찧다 / 찍다

- '찧다'는 무거운 것으로 아래 있는 물체를 내리치거나, 마주 부딪친다는 뜻입니다.
  봉숭아꽃을 꽁꽁 찧어 손톱에 물을 들였어요.

- '찍다'는 어떤 것을 눌러 모양을 만드는 것을 뜻합니다.
  우리 가족이 모두 모여 가족 사진을 찍었어요.

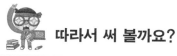 **따라서 써 볼까요?**

할	머	니	가		찹	쌀	을		찧	어
할	머	니	가		찹	쌀	을		찧	어

서		죽	을		쑤	었	어	요	.
서		죽	을		쑤	었	어	요	.

아래 칸에 바르게 써 볼까요?

선을 긋고 점을 찍었어요.

문장에 맞게 띄어쓰기를 해 볼까요? 🔊

동생이엉덩방아를찧었다.

치우다 / 채우다

- '치우다'는 주위를 깨끗하게 한다는 뜻입니다.
  방을 깨끗하게 치우고 나니까 기분이 좋았어요.

- '채우다'는 빈 공간을 가득 차게 한다는 뜻입니다.
  날씨가 더워서 물통에 시원한 물을 채워서 들고 나갔어요.

 따라서 써 볼까요?

공	깃	밥	을		순	식	간	에		먹
공	깃	밥	을		순	식	간	에		먹

어		치	웠	어	요	.				
어		치	웠	어	요	.				

아래 칸에 바르게 써 볼까요?

단추를 채웠어요.

문장에 맞게 띄어쓰기를 해 볼까요?

모래를가득채운상자

정답 : 모래를 가득 채운 상자

54

켜다 / 캐다

- '켜다'는 불을 일으킨다는 뜻입니다.
  촛불을 켰더니 방 안이 환했어요.
- '캐다'는 땅속에 있는 것을 파내는 것을 뜻합니다.
  우리 가족 모두 밭에 가서 고구마를 캤어요.

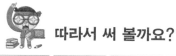 **따라서 써 볼까요?**

엄	마	가		촛	불	을		켜	고	
엄	마	가		촛	불	을		켜	고	

기	도	를		했	어	요	.			
기	도	를		했	어	요	.			

 아래 칸에 바르게 써 볼까요?

갯벌에서 조개를 캤어요.

문장에 맞게 띄어쓰기를 해 볼까요?

라이터로불을켰어요.

풀다 / 펴다

- '풀다'는 묶이거나 얽힌 것을 풀어 놓는다는 뜻입니다.
  동생이 털실을 몽땅 풀어 놨어요.

- '펴다'는 반반하게 하거나 접힌 것을 펼쳐 놓는다는 뜻입니다.
  공작이 날개를 활짝 펴고 아름다운 꽁지를 자랑했어요.

 따라서 써 볼까요?

친	구	가		사	과	를		해	서	
친	구	가		사	과	를		해	서	

화	를		풀	기	로		했	어	요	.
화	를		풀	기	로		했	어	요	.

아래 칸에 바르게 써 볼까요?

허리를 쭉 폈어요.

_____

_____

문장에 맞게 띄어쓰기를 해 볼까요? ◎

다리를쭉펴고앉았다.

정답 : 다리를 쭉 펴고 앉았다.

56

한참 / 한창

- '**한참**'은 시간이 상당히 지나는 동안이라는 뜻입니다.
  운동장에서 친구를 한참 기다렸지만 끝내 안 나왔어요.
- '**한창**'은 가장 활기 있고 왕성한 순간을 뜻합니다.
  우리 학교는 공사가 한창이라 정신없어요.

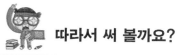 **따라서 써 볼까요?**

네		친	구	들	이		한	참		전
네		친	구	들	이		한	참		전

에		다	녀	갔	어	.				
에		다	녀	갔	어	.				

아래 칸에 바르게 써 볼까요?

가을이 한창 무르익어요.

문장에 맞게 띄어쓰기를 해 볼까요?

한창물이오른소나무

정답 : 소나무 물이 한창 오른 가구소

해어지다 / 헤어지다

- '해어지다'는 닳아서 떨어진다는 뜻입니다.
  바지의 무릎 부분이 해어져서 새로 사야 해요.

- '헤어지다'는 함께 있다가 흩어지는 것을 뜻합니다.
  얼마 전에 헤어진 고모가 많이 보고 싶어요.

 따라서 써 볼까요?

며	칠		신	지		않	았	는	데	
며	칠		신	지		않	았	는	데	

양	말	이		해	어	졌	어	요	.
양	말	이		해	어	졌	어	요	.

 아래 칸에 바르게 써 볼까요?

헤어진 친구가 보고 싶어요.

문장에 맞게 띄어쓰기를 해 볼까요? ◉

해어진바지를꿰맸어요.

정답 : 해어진 바지를 꿰맸어요.

해치다 / 헤치다

- '**해치다**'는 해를 입힌다는 뜻입니다.
  형은 운동을 너무 해서 오히려 건강을 해쳤어요.

- '**헤치다**'는 모인 것을 흩어지게 한다는 뜻입니다.
  닭이 땅을 헤치고 모이를 찾아 먹었어요.

 따라서 써 볼까요?

몸	을		해	치	는		담	배	는	
몸	을		해	치	는		담	배	는	
꼭		끊	어	야		해	요	.		
꼭		끊	어	야		해	요	.		

 아래 칸에 바르게 써 볼까요?

빗속을 헤치고 달렸어요.

문장에 맞게 띄어쓰기를 해 볼까요?

배가물살을헤쳐나갔다.

햇빛 / 햇볕

- '햇빛'은 해의 빛이라는 뜻입니다.
  밝은 햇빛이 마루를 비추면 집 안이 환해져요.

- '햇볕'은 해가 내리쬐는 기운을 뜻합니다.
  햇볕을 쬐면 건강해지는 기분이 들어요.

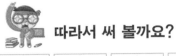 따라서 써 볼까요?

빨	래	를		햇	빛	이		잘		드
빨	래	를		햇	빛	이		잘		드
는		마	당	에		널	었	어	요	.
는		마	당	에		널	었	어	요	.

아래 칸에 바르게 써 볼까요?

햇볕을 쬐는 병아리들

_____

문장에 맞게 띄어쓰기를 해 볼까요? ◎

햇볕이쨍쨍쏟아져요.

정답 : 햇볕이 쨍쨍 쏟아져요.

흐르다 / 흐리다

- '흐르다'는 액체가 아래로 계속 움직여 가는 것을 뜻합니다.
  계곡에 가면 물이 계속 흐르는 것을 볼 수 있어요.   다른 뜻 '흐르다' ▶시간이 흐르다.

- '흐리다'는 깨끗하지 못하다는 뜻입니다.
  시냇물이 흐려서 물고기가 보이지 않아요.   다른 뜻 '흐리다' ▶기억이 흐리다.

 따라서 써 볼까요?

처	마		끝	으	로		빗	물	이	
처	마		끝	으	로		빗	물	이	

흐	르	고		있	어	요	.			
흐	르	고		있	어	요	.			

아래 칸에 바르게 써 볼까요?

형광등이 흐려서 어두워요.

문장에 맞게 띄어쓰기를 해 볼까요? ◎

냇물이흐르고있어요.

정답 : 냇물이 흐르고 있어요.

61

낱말 퀴즈 박사 되기

아래 글을 읽고, 맞는 단어에 ○해 볼까요?

1. (적은 / 작은) 고추가 맵다는 속담이 있어요.

2. 무릎을 꿇고 있었더니 발이 (저려요 / 절여요).

3. 아픈 동생이 엄마 (젓 / 젖)만 먹으려고 해요.

4. 어묵을 간장에 (주리면 / 조리면) 정말 맛있어요.

5. 우리 집 강아지는 새벽마다 (짖어요 / 짓어요).

6. 벗은 옷을 (짚어서 / 집어서) 세탁기에 넣었어요.

7. 동생이 엉덩방아를 (찌고 / 찧고) 울음을 터뜨렸어요.

8. 감나무의 감이 (한참 / 한창) 무르익고 있어요.

9. 소나기를 (해치고 / 헤치고) 집으로 뛰었어요.

10. 뜨거운 (햇빛 / 햇볕)에 얼굴이 까매졌어요.

낱말을 찾아 어린이 시를 완성해 볼까요?

- 햇볕
- 치우니까
- 찧으면
- 조림
- 절임

제목 : 세상에서 제일 쉬운 답

"호서야, 감자 (   ) 맛있지?

어떻게 생각해?"

"호서야, (   ) 오이 새콤하지?

어떻게 생각해?"

"호서야, 방에 (   )이 들어오니까 따뜻하지?

어떻게 생각해?"

"호서야, 네 방 깨끗하게 (   ) 기분 좋지?

어떻게 생각해?"

"호서야, 장난치다 엉덩방아 (   )

아플까? 안 아플까?"

엄마는 매일 스무 번도 넘게 문제를 낸다.

끝말잇기에 맞는 낱말을 찾아볼까요?

- 한참
- 새우젓
- 햇빛
- 떼쟁이
- 전통

1. 오전 ▸▸ (   ) ▸▸ 통장 ▸▸ 장갑

2. 나뭇잎 ▸▸ 잎새 ▸▸ 새우 떼 ▸▸ (   )

3. 콩알 ▸▸ 알밤 ▸▸ 밤새 ▸▸ (   )

4. (   ) ▸▸ 빛살 ▸▸ 살구 ▸▸ 구청

5. (   ) ▸▸ 참새 ▸▸ 새털 ▸▸ 털옷

생각디딤돌 창작교실 엮음

생각디딤돌 창작교실은 소설가, 동화작가, 시인, 수필가, 역사학자, 교수, 교사 들이 참여하는 창작 공간입니다.
주로 국내 창작 위주의 책을 기획하며 우리나라 어린이들이 외국의 정서에 앞서 우리 고유의 정서를 먼저 배우고 익히기를
소원하는 작가들의 모임입니다.

문학나무편집위원회 감수

소설가 윤후명 선생님을 비롯한 많은 소설가, 시인, 평론가 등이 활동하며 문예지 〈문학나무〉를 발간하고 있습니다.

동리문학원 감수

소설가 황충상 원장님이 이끌어가는 창작 교실로 우리나라의 많은 문학 작가들의 활동 무대입니다.

마법의 맞춤법 띄어쓰기
2. 헷갈리기 쉬운 낱말 완전 정복(ㅇ~ㅎ)

초판 1쇄 발행 / 2021년 08월 05일
초판 1쇄 인쇄 / 2021년 08월 10일

엮은이 ── 생각디딤돌 창작교실
감　수 ── 문학나무편집위원회, 동리문학원
펴낸이 ── 이영애
펴낸곳 ── 도서출판 생각디딤돌
　　　　　　출판등록 2009년 3월 23일 제135-95-11702
　　　　　　전화 070-7690-2292　팩스 02-6280-2292

ISBN　978-89-93930-56-6(64710)
　　　　978-89-93930-52-8(세트)

©생각디딤돌